AF283263

# MURMULLOS DE
# LA MANCHA

Ángel Luis Moraga

# MURMULLOS DE
# LA MANCHA

Editorial LEDORIA
J   M   R

I.S.B.N.: 978-84-19887-99-3
Depósito Legal: TO-118-2026
© Del Texto: El autor
© De la edición: Editorial  LEDORIA-Jesús Muñoz Romero
* Calle de la Fuente del Moro, núm. 6
Toledo
Teléfono: 636 56 03 70
Correo electrónico de contacto: info@editorial-ledoria.com
www.editorial-ledoria.com

# PRÓLOGO

Tras una dilatada trayectoria como autor de novelas y relatos, Ángel Luis Moraga se adentra por primera vez en el terreno de la poesía. Y lo hace con estos *Murmullos de La Mancha*, un homenaje a su tierra, esa comarca en la que, quizá más que en ninguna otra de nuestro país, lo real y lo literario se entremezclan de una manera única.

El poemario que el lector va a recorrer consta de ocho secciones, cuyos respectivos títulos comienzan por ese sustantivo, *murmullos*, ya presente en el propio título del libro, seguido de distintos sintagmas que lo complementan ("Murmullos del pasado", "Murmullos del pueblo", etc.). Se trata de una palabra preñada de evocaciones, entre las que se encuentra el rumor del viento y del agua que atraviesan los campos; pero también los ecos de voces antiguas, las de quienes habitaron hace tiempo las tierras retratadas en este poemario, así como el susurro de quien habla o escribe de forma queda, sin querer alzar la voz. Ese es precisamente el tono que adopta Ángel Luis Moraga a lo largo del libro, un decir sosegado, sereno y reflexivo con el que describe las tierras y las gentes de La Mancha en la actualidad y en el recuerdo. Y es que la memoria es siempre la materia prima fundamental de la poesía, pero si cabe aún más en un poemario como el que estamos presentando. *Murmullos de La Mancha* deja testimonio de vidas pasadas —así sucede en los poemas de la primera sección, "Murmullos del pasado", que recopilan "retazos de historias ajenas" que el autor alguna vez escuchó—; también de lugares colectivos como las calles, la plaza y el corral de comedias de Almagro —transitados en los poemas de la segunda sección, "Murmullos del pueblo"— y de recuerdos de la niñez como la casita de papel, la merienda o la conversación de las vecinas —evocados en la sección tercera, "Murmullos de la infancia"—.

El recorrido por los recuerdos y los paisajes continúa en la sección cuarta, en la que se describen lugares y productos relacionados con la gastronomía de la región. Se trata de unos "Murmullos culinarios" que nos hablan de la cocina y de la alacena, de los dulces —bizcochos, torrijas, arroz con leche, tarta milhojas— y de los alimentos que no deben faltar en un viaje (pan, queso, chorizo). Por su parte, la sección quinta constituye probablemente el corazón del poemario, con el que comparte título ("Murmullos de La Mancha"). En ella la mirada se posa sobre elementos icónicos del paisaje manchego (molinos, castillos, lagunas), así como sobre las personas que lo habitan (pastores, lavanderas) y los objetos que lo pueblan (aperos de labranza, cachivaches en desuso). En la sexta sección, "Murmullos de historia", el autor viaja por momentos y rincones históricos (la Meseta en la época romana, la batalla de Alarcos, el corral de comedias) o literarios (como en el poema "Quijotadas", en el que se describe un molino, ese "titán del tiempo" que vigila sobre la alta loma).

La intertextualidad caracteriza la séptima sección, titulada "Murmullos del tío Samuel", en la que un personaje que da título a una novela del autor (*Los viajes del tío Samuel*) es el hilo conductor de poemas centrados ya no tanto en lugares y objetos, sino en costumbres y modos de vida (matrimonio, amor, guerras, viajes). Finalmente, la última sección del poemario, que se titula, como corresponde a su posición en el libro, "Murmullos de despedida", es un cierre literario, pero también un cierre vital, pues en sus poemas se aborda la necesidad de la partida, la lucha entre el ansia de marchar y el peso de la vida conocida, el comienzo de la vida adulta y el adiós definitivo a esas "calles del pueblo" que "encogieron / como lana lavada con agua caliente". Una hermosa imagen simboliza el comienzo de una nueva etapa vital, en otros ámbitos, en otras latitudes: "Y el corazón aparentemente arraigado / echó a volar mecido por el movimiento suave / de las alas de una garza".

En definitiva, en *Murmullos de La Mancha* Ángel Luis Moraga comparte su mirada personal sobre un lugar —y un tiempo— a la vez individual y colectivo, íntimo y universal. Su escritura, descriptiva y costumbrista, presta atención a la cotidianidad y a lo pequeño, a lo que a veces pasa desapercibido. En sus poemas los murmullos que para otros resultan inaudibles se ven amplificados y reciben la atención y el cariño que se merecen.

Elena Felíu Arquiola
Catedrática de Lengua Española y poeta.

**Antonio Machado**

"Mi infancia son recuerdos de un patio de Sevilla,
y un huerto claro donde madura el limonero."

**Rosalía de Castro**

"Cando penso que te fuches,
tierra que me viste nacer,
e que as augas do río meu
van correndo sen deter...".

**Juan Ramón Jiménez**

"Raíces y alas.
Pero que las alas arraiguen
y las raíces vuelen."

Este libro es para ti, habitante de La Mancha y del mundo.

Para quienes conocen el peso del horizonte y el silencio
solo de la tierra,
para quienes saben que el polvo también guarda memoria
y que en lo pequeño late lo universal.

Para quienes trabajan la tierra,
la recuerdan o la sueñan.
Para quienes saben que no hay paisaje sin personas
ni poesía sin verdad.

Que estas palabras sean refugio, compañía
y un lugar al que volver.

A.L.

# MURMULLOS
# DEL PASADO

Retazos de historias ajenas que alguna vez escuché,
y que aún resuenan en mi cabeza.

## La guerra

Despedida dolorosa
de una madre rota
afanada a tu cuello.
Alistamiento voluntario,
para portar un fusil en alto
cruzado sobre la espalda
en bandolera.

Diecisiete años de inocencia,
corta vida repleta de sueños.
Juventud mancillada
de marioneta hecha soldado.
Sobrevivencia en el frente,
persiguiendo el vulnerable
espejismo de la victoria.
Munición cargada a los hombros.
Alpargatas de trapo
que bailan en un compás de muerte
al son de esta sinrazón fratricida.

## El funeral

El comedor está silencioso
con el muerto en el centro.
Y las mujeres aferradas al rosario
recitan jaculatorias.
La vida apagada,
que apura los últimos instantes,
queda atrapada sobre dos borriquetas
de hierro.
El óbito se aparea en una coyunda
y el apogeo de sentimientos
explota como pólvora estelar.
El luto gobierna imponente
por las estancias,
mientras los colores rezongan
entre las mejillas de los presentes.

No sé si la luz llegará tras la noche.
Me siento a esperar.

## Rifas

La voz desgañitada sobre un estrado
con apariencia de cabaret empobrecido.
Palabras enérgicas bien moduladas
agitándose en el aire junto a lánguidos productos
que reviven entre tus manos.
Tus ademanes generan expectación.
La espera para ver quién da más
es serena y atrayente.
Fiestas de los Santos Viejos,
donde los patrones engalanados,
guarecidos en las capillas,
escuchan el ruido de las gentes
aproximándose al cogollo de tenderetes.
Cuenta atrás por la puja
del guarrillo de San Antón.

Los hornazos espolvoreados de azúcar
siguen pasando entre tus manos,
revoloteando como luciérnagas
en una rifa sin freno.
La singularidad de tus palabras
golpea con tesón
el laberinto de los recuerdos colectivos.

## La sirvienta

Cuello de encaje almidonado
como una flor de canela.
Cofia ajustada en la frente
e impoluto delantal blanco
atado con un lazo a la cintura.
El rostro risueño queda enmarcado
por la inocente voluntad
que habita en la sangre de esa niña
paseando ajetreada por la casa.
Una gracia genuina
en los andares.

Las muñecas del uniforme van
ceñidas con puños de puntillas.
Y los domingos sacros,
con la señora a rezar.

## El médico

Como los pesetones puestos en los zapatos
cada año el día de Reyes,
o el modo de ayudar a los pacientes,
la bondad del médico es infinita.
La puerta de la consulta se abre,
y la ráfaga de aire que penetra
invade el ambiente de la casa.
Es el aroma inconfundible de las camareras.

¿A qué huelen las mujeres de mala vida?
Sus cuerpos deshumanizados buscan,
abiertos sobre las sábanas blancas de la camilla,
cualquier resquicio de salud perdida.

Las revisiones rutinarias son una condena.
Pero el galeno las explora con manos serenas
mientras esas matronas apenas se quejan.
Sus jornadas comienzan al ocaso,
en la lidia con clientes, a veces, belicosos.

El médico,
como un sabio enraizado en la ciencia,
les pide prudencia.

## La encajera

Finos palitos de madera
que tamborilean entre tus dedos.
La vista fija en el picado,
pinzando con unos labios prietos
agujas cabezonas en arcoíris de colores.
Repiqueteo constante de bolillos
en una almohadilla añil
que descansa oscilante
sobre tus rodillas;
un mascarón de proa
batiéndose en la mar.
Paños y chantillís
que resisten los envites del tiempo.
Telaraña de hilos blancos
flotando en la memoria.

Nos conformaremos
con el recuerdo.

# MURMULLOS
# DEL PUEBLO

Las calles del pueblo son un santuario anacrónico
de visiones descansando en los recuerdos.

## Mi pueblo

Dédalo de calles empedradas
con aroma de siglos pasados.
Arquitectura noble de entrañas
que salvaguardan un tiempo envejecido.
Las espadañas de las iglesias
punteando el cielo.
Las torres erguidas en el horizonte
asomadas con determinación
al paisaje de casas bajas.
Tejados rojizos desparramados
volando bajo las nubes.

Y las cigüeñas que regresan
por San Blas.

## Las calles

Paisaje añejo de historias,
de vivencias ajenas y constreñidas.
Blasones señoreados,
enhebrados sobre el dintel
de una puerta antigua,
símbolo y raigambre de generaciones
incapaces de desmembrar.

Murmullos escondidos de los ausentes
en la oquedad silenciosa de los callejones.
Estas vías antiguas que deslumbran
recuerdos infinitos.
Memoria latente
soterrada bajo adoquines de piedra.

## La plaza

Balconadas verdes asomadas
a un atrio rectangular.
La plaza es testigo ubicuo
de encuentros anacrónicos.
Los soportales acogedores
hamacan, sosteniendo
sobre un columnario,
un ejército de susurros alineados.

Baluarte de la vida social.
Almas que entran y salen
de esta sala sin puerta.
Porque los viandantes que la atraviesan
son sombras difusas proyectándose
como vidas que se estrenan cada día.

## Lugares

Iglesias y ermitas conforman tu esqueleto,
forjando con monumentalidad
la anatomía de los conventos.
El silencio se mueve
en un ulular desgajado
frente a las fachadas de piedra
y los muros de sillería.
La estación de ferrocarril
se perfila con brusquedad
al final del Paseo.
Pueblo vivo de La Mancha,
apaciguador de instantes
con el tañer de las campanas.

Y los pájaros volando en el cielo
que cantan sin palabras.

**El teatro**

Un bastión generoso
que confiere, con la enormidad
de una zancada,
el pedestal
del arte dramático.
Frontispicio rojiblanco
custodiado por dos estatuas
asomándose con curiosidad,
para contrarrestar tiempo al presente.
Ellas ven a los peatones transitar.

Escenario inconfundible
de cómicos;
patio de butacas tiranizado
por un atrezo de fantasía.
El ritmo ileso de una vida
que vibra igual que una comedia
cuando se levanta el telón.

## Los campos

Tierras rojizas como el almagre.
Frío glacial en invierno,
con hielos en los sembrados al amanecer.
Capa de escarcha y rocío
cubriendo el mes de febrero.

En primavera reverdecen las huertas
y florecen las hojas de los almendros.
Los brotes asoman con timidez
a un campo rojo de amapolas.
Se colorea el paisaje
de tonos alegres.

La solana en temporada estival
es tan apabullante como un ciclón.
Eriales ardientes
y terruños repletos de vides.
Los campos dorados
de extensión infinita
son espejismos de arena.

Y en septiembre,
resucitan los jornaleros de la vendimia.

# MURMULLOS
# DE LA INFANCIA

La infancia es un pozo sin fondo de recuerdos inacabables.

## La Casita de Papel

Sus paredes antiguas son de muralla:
tierra, barro y polvo triturado.
Bajo una umbría acogedora,
los soportales se cubren con unas cortinas
que hablan el lenguaje del verano.
La cueva al fondo,
engullendo tras la empicada escalinata
multitud de cacharros
y antigüedades desechadas.
El extenso emparrado,
venciendo al caluroso mediodía,
es inocente.
En el corral cloquean las gallinas,
cercadas con alambradas inexpugnables
que amarran la felicidad de los niños.
Miro la casita con fijeza,
hilvanada incólume
en los entresijos de mi mente.
Sus paredes inertes y cálidas
siguen siendo de papel.

## Las vecinas

Compañía diaria desde la ventana
en una comunicación a susurros.
Rutina compartida de ruidos
esparcidos al aire.
La ropa secándose al sol,
en un espacio comunitario
que absorbe el aroma a espliego y jabón.
Sonrisas sinceras en la escalera.
Secretos íntimos de confidentes
bajo portalones de comprensión.
Paño de lágrimas los hombros.
Lealtad invisible en la sombra.
El vecindario es un barco
repleto de camarotes,
navegando al mismo viento que lo empuja
tras el azote de un vendaval.

## El panadero

En el horno aguarda el pan
recién amasado.
Jornadas nocturnas
de trabajo y desvelo.
Cigarrillos fumados
al relente del amanecer.
Puros encendidos
con el pucho del anterior.
Párpados exhaustos por la labor.
Y unas manos cansadas
de jugar con el azar de la harina.

Pero la tahona rebosa de alegría,
está repleta de vida.
Los panaderos saben reír
al calor de unas hogazas
que se van endureciendo
en el proceso de cocción.
Es el olor de espiga y sal
que embadurna la ropa.

## El patio

Muros encalados con una brocha mojada
y un delantal por escudo.
Paredes enlucidas
con un friso azul reluciente.
El aroma a humedad
y las sombras acogedoras,
hacen un verano más apacible.
La bóveda de la parra
desparrama sus uvas
sobre el empedrado del suelo.

Patio manchego,
testigo apabullante
de festejos y verbenas.
Monipodio de vecinos y
reuniones improvisadas.
Echarpe de calidez comunal.
Constituyes un tributo inmenso
de genuina hospitalidad.

## Tardes

Regreso del colegio y dejo la mochila,
junto a la estufa en la que caliento mis manos.
El cielo aún está azulado,
rasgado con nubes de algodón
flotando en las alturas.
Pan con chocolate
y un vaso de leche.
Merienda bendita de la infancia
degustada con las fibras de la memoria.
Sentado en el poyete de la ventana
se escucha el tac-tac de la mecedora.
Mi abuela hace punto bajo el balanceo
de unas tardes gloriosas,
regadas de calma y rutina.

El latido del atardecer
nos envuelve aferrándose a la jornada.

## La costura

La tela en tus manos,
reposada sobre tus rodillas.
Zurces e hilvanas,
coges los bajos
o arreglas las mangas.
Las horas son interminables
y coses sin ninguna desgana.
El pedaleo implacable
que atizas con los pies,
doblada frente a la máquina
en la que gira la bobina de hilo,
es una labor de letanía.
Tus piernas en un sube y baja
al rigor de la aguja
que se mueve acompasada.
Minutos robados al sueño
para adelantar la tarea.
La vista cansada a la luz de un candil.

No puedo olvidar tu dedo engalanado
con destellos de plata.

# MURMULLOS CULINARIOS

El olfato y el paladar son generadores automáticos
de recuerdos y sensaciones fugaces.

## La cocina

Los guisos que burbujean
al amor de la lumbre
son una danza cobriza
al compás de condimentos
bailando en la olla hirviente.
La cocina es tu templo,
al que estás consagrada.
Territorio de aromas sublimes,
recetas vigorosas e inmarcesibles,
en una combinación de sabores
que aderaza el guiso.

Sabes mezclar ingredientes vulnerables
y tallarlos a su amor,
hasta que el humo destilado
se esfuma fragante
a través del revellín
de la chimenea volada.
¡Cuánta maravilla para el paladar!

## La alacena

Repisas cubiertas de platos,
tazas y piezas de loza.
Estos cacharros escasos
que adquiriste con gran esfuerzo
lucen ahora herrumbrosos y desgastados.
Las sartenes y los cazos de peltre
que una vez conformaron
el bendito ajuar,
me sonríen lánguidamente
para que no los vuelva a almacenar.

Como cuando los tarritos de especias
alineados en la estantería
eran el melodrama
de una demencia culinaria.
Y el ramillete de pimientos verdes,
que pendía de una rama florecida
amarrada a un gancho,
hace que el último recuerdo
se retire en la madrugada.

## Las berenjenas

Larga espera en adobo
para poder degustarlas.
Berenjenas desespinadas,
bien lavadas y limpias,
en el íntimo abrazo
de una lenta y medida cocción.
Tajo en el medio,
abierto como un barranco de osadía.
Pellizco de sal e hinojo.
Ajos machacados,
pimentón y comino.
Estos ingredientes que pulen las aristas
de la popular berenjena almagreña,
son el desaforado encuentro
de la piel tersa curtida en salmuera.

## Dulces

Y me aproximé al olor del azúcar,
la levadura y la piel de limón.
Los bizcochos recubiertos de canela
eran viajeros sentados a la espera del hambre
aguardando en un rincón.

Las torrijas de Semana Santa
se diluían en el enfosque de una muralla
de textura esponjosa,
observándome con la mansedumbre
de un cachorro juguetón.

Arroz con leche petrificado en un cuenco,
latiendo en un palpitar de sentimientos.
Dulces convertidos en costumbres
de unas fiestas vaporosas,
que se asientan en la memoria
al deterioro de un raído sillón.

## El viaje

Un viaje en coche es una aventura
que te lleva a divagar por paisajes soñados.
Tu cestón de mimbre apretado
entre las pantorrillas,
es inexorable.
Conoce el capacho
una innata predisposición para llenarlo.
Siempre mucho es insuficiente.

Las cuñas de queso envueltas
en papel de estraza
son trozos de luna curados
dispuestos en la primera parada,
encima de un mantel de cuadros.
En la mesa de un merendero de piedra,
el pan tierno de pueblo
cortado en rebanadas a cuchillo
queda expuesto al albur de los pajarillos.

Compañeras de fatigas
son las rodajas de lomo,
y los dados de tocino.
La miga blanquecina
del pan abierto,
consigue que el largo viaje
se convierta
en un cisne de nostalgia.

## Cumpleaños

La ilusión de los regalos estaba ahí,
junto a la tarta de milhojas
espolvoreada de azúcar glasé.
También estaban ahí,
sobre la brusquedad
de un mesón de madera,
los pasteles de chocolate
y los sándwiches de nocilla
que habían sobrado.
Ocho velas encendidas esperando
a ser sopladas,
igual que un reloj de muñeca
con las agujas paradas,
aguardando pacientemente
a que le den la cuerda soñada.

# MURMULLOS
# DE LA MANCHA

La Mancha es una patria quijotesca de lugares únicos.

## Aperos de labranza

En este erial desalmado
la lisonja de la azada
es como el gozo que deseas en tu cuerpo.
La hoz que siega la mies
es una daga cortante
de locura inusitada.
El harnero no sabe discernir
si estás junto a mí,
a solo unos metros,
o te has alejado de aquí para siempre.
Porque como el alpiste desmañado
mi mente conserva turbia la fútil imagen
de tu presencia
cargada de desesperanza.

La vida se aproxima en ayunas
al tajo certero de la guadaña.

## Cachivaches en desuso

La mesa tocinera es la casualidad
de un día sin lluvia.
Los trastos viejos son nocivos mensajeros
del presente.
Objetos antiguos que han viajado
desde el pasado
en un desgaste postrero.
Travesía de molinos gigantes
con aspas girando
como el chirriar
de una rueda de cangilones
que dan vueltas en la noria del pozo.

Llaman a la puerta.
Golpes sobre la madera
con aldabas historiadas
anunciando la hora de la cena.
Hay un jarrón con flores secas
decorando la casa
bajo el artesonado de madera.

Y en un rincón,
igual que un altar doméstico,
el lavamanos de cántaro y palangana
se humilla al silencio
de un ritual de monasterio.

## El almuerzo del pastor

Las gachas calientes
se han quedado frías.
Los ladridos del perro ovejero
han cesado en una nada certera.
¿Y qué es el vacío de la muerte?
Me pregunto mientras el aire del estómago
se encoge como la ausencia invisible
de un amigo inexistente.

En algún otro lugar,
deben de aprovecharse las sobras.

## Lavanderas

Cantos alegres en el río
de un anhelo silencioso.
Los nudillos que aprietan la ropa
en el lebrillo,
espantando vanamente
el zumbido primaveral de los mosquitos.
Las sábanas secándose al sol
en un tenderete de cuerdas
se convierten en velas desplegadas
que se inflan,
desbocadas y plenas,
con el viento solano.

Y ese momento de espera,
con la soga de la maternidad superpuesta,
el peso del hogar aflojado,
las aristas de los minutos desvanecidas,
se disfruta como el instante insaciable
del soñado amor correspondido.

## Castillos

Al caminar por senderos diluidos
las flores secas y ya marchitadas
son costras amarillentas por el tiempo.
Las murallas derruidas de los viejos edificios
que una vez fortificaron patios de armas
han dado lugar a un paisaje arisco,
donde la calamidad es la cara amable
de la derrota.
Y se han embebido por los siglos
en una realidad aplastada
lisa como el olvido.

Allá donde la vista alcanza
se proyecta sin dobleces
la torre del homenaje.

## Las lagunas

Inmensos océanos
de néctar líquido y cristalino
varados en mitad de La Mancha.
La sensación de mansedumbre
en la orilla es pujante,
como el escalón cubierto de hiedra
que da acceso a los bañistas.

Las golondrinas primaverales
vuelan en silencio
sobre ese mar dulce e insondable
de tremendas soledades.

# MURMULLOS
# DE LA HISTORIA

La historia forma parte de un pasado lejano
que nos pertenece en el presente.

## La Meseta

Como el mar Mediterráneo
en la Antigüedad,
con barcos fondeados
bajo las aguas,
estos límites manchegos
de tierras interiores
son un caladero de
rebaños apriscados;
ovejas metidas en cercas bien valladas
con alambre de concertina.

Los romanos imperiales
asfixiaron la Península
levantando acueductos,
trazando calzadas
e instalando anfiteatros
en las faldas de las pendientes.
Y dejaron el centro de la Meseta
para el cultivo de la triada mediterránea:
vid, trigo y olivo.
Tesoro de siglos
heredado sin gloria
por los habitantes de La Mancha.

## Estados prehistóricos

Si en La Mancha llueve,
el sedimento de la tierra
resucita en un barrizal de emociones.

Si en La Mancha oscurece,
las luciérnagas del cielo
dejan su brillo titilante
en una plancha de chinchetas
clavadas en el decorado
del universo.

Si en La Mancha mueres,
las lágrimas ajenas
se apoderan de los contornos del aire,
pertrechando un cántico ronco
de pena
y tristeza muda.

## Salvatierra

Fina línea defensiva
de avances y retrocesos.
Sangriento campo de batalla
entre la cristiandad y el islam.
El dolor de los muertos
ennegrece la manchega llanura.
Sed inagotable de victoria,
ansias de reconquista.
La época de taifas
se extingue.
Y al chocar
espada y acero,
el sueño de la lucha
me hiere de madrugada.

## Alarcos

El niño que mira a la luna
no conoce la historia de Alarcos.
Sobre la antigua cuna
de la civilización oretana
se alzaba
una gruesa muralla.
La torre pentagonal del castillo,
es inmortal
como el hielo del Ártico.

El niño que mira a la luna
no entiende de batallas
ni sepulturas.
No sabe que allí
las tropas cristianas
dejaron un día
la locura de sus almas.

## Quijotadas

Ese gigante vestido de blanco
agitando sus brazos al viento.
Desvelos para el hidalgo caballero
que, al ver el molino batiendo su cuerpo,
divisa las temibles aspas con miedo.

Si no has tenido que imaginar
hazañas quijotescas
siempre las verás ahí.

Sobre la alta loma,
un energúmeno en guardia,
titán del tiempo,
vigilando
desde la cima del cerro.

## El Corral de Comedias

El Siglo de Oro renace
solemne entre sus maderas.
La dramaturgia de Lope de Vega
se alza sobre el entarimado
para recibir los aplausos
de un público enardecido
que aclama sin pausa
desde las galerías de la cazuela.

En el patio de los mosqueteros,
a escasa distancia del escenario,
también se baten las palmas,
que esparcidas por el atrio de piedra,
bajo el afecto del éxito,
derrotan con su sonido
el esfuerzo cansado
de los actores saludando
al pie del estrado.

# MURMULLOS
# DEL TÍO SAMUEL

La apasionante vida del tío Samuel se desliza
con el mismo entusiasmo de quien escribe un poema.

## Azenet

Azenet,
negra de mis sueños.
No consigo olvidar
los jadeos roncos
de tu voz modulada.
El despertar a tu lado,
bajo un ronroneo de selva,
los días eternos
de pasión verde,
en un paisaje de ensueño.
Mis manos,
siempre engarzadas
a tu cuerpo.

## La vida

Vida larga
como un camino,
con altos y bajos
de cielos y noches
encendidas de ilusiones.
Amaneceres de días
nublados por escollos,
iluminados, otras veces,
con una luz cenital
de dioses
apuntando desde las alturas.

# El matrimonio

Costumbres casamenteras,
que cubren con ilusión
un sueño de futuro.
Utopía de tórtolas.
Contrato atado,
de marido y mujer.
Jaula invisible de enamorados
que supura inocencia
y se convierte en usanza.
Matrimonio,
convenio pactado
de un trato acordado:
personas comprometidas
que sellan, en límites trazados,
la calidad de su amor.

## Guerras

Guerras terribles,
que devastan los cimientos de la humanidad,
con sus tanques y armas violentas,
matarifes por encargo los soldados.
Guerras terribles,
carentes de escrúpulos y sentimientos,
que dejan un rastro desolador
de almas rotas a la deriva.

Años de miedo y silencio,
tiempo de amenazas y tortura,
que empobrecen y laceran
el espíritu de una nación.
Años de atraso y traición,
de vencedores revanchistas
sin corazón,
que utilizan la sangre ajena
para vengar con inquina y terror.

## Los bolillos

Laberinto entretejido
en tus manos,
punteando dibujos enrevesados.
Mirada fija al frente,
movimiento de bolillos
en tus dedos,
sobre una almohadilla azulada.
Amortiguas el peso de tu labor
en unas rodillas encallecidas,
acostumbradas a fregar suelos.
Encajera manchega
consagrada a tus bolillos,
mujer espléndida
que haces magia,
jugando hábilmente
con los hilos.

## Tu cuerpo

Tu cuerpo de bronce
es negro.
Tu cuerpo de bronce
es paz.
Senos implacables,
tus pechos;
un racimo oscuro de uvas,
tu sexo.

Tu amor me mata a suspiros.
Jarca de placer tus caricias.
Si me rozas,
me quemo;
y si dejaras de tocarme,
me muero.

Tu cuerpo de bronce
es negro.
Tu cuerpo de bronce
es paz.

## El desierto

Sol atenazador
del desierto,
de violencia destructora
cayendo a plomo sobre la arena.
Alumbras con halos dorados
el día que comienza esperanzador.
Despiertas de madrugada
y enciendes el horizonte
con brumas rojizas,
convirtiendo el cielo
en guirnaldas de cobre
y espejismos violentos.

## El viajero

Viajero de la vida
que existes en el tiempo,
como una gaviota pasajera
que vuela alto,
acercándose a la costa.
Surca el cielo,
asciende, majestuosa,
ligera de peso
y liviana de sentimientos.
Vuela alto,
gaviota pasajera,
que ya vas dejando de existir
en los viajes y en el tiempo.

# MURMULLOS
# DE DESPEDIDA

Los parabienes y adioses de despedida son amigos
contagiosos de los abrazos insuperables.

## Despertar

Las ramas finas del sauce
se han transformado
en un recio tronco
de angustias adolescentes.
Como viento que sopla
en la noche,
me agarro con fuerza
al recuerdo de las palabras,
a los besos y a las ilusiones,
a los instantes,
a los momentos...
El despertar es un traje cosido
con jirones apretados
que viste a la moda.

Así es la ligera nostalgia:
pertrechada
por la complicada imaginación
de un sastre.

## Temblor

En la temprana mañana
de la adultez,
todos creemos
que la vida es un destello
de luz alargada.
Y el chaparrón cotidiano
que nos moja al crecer
confirma que el terremoto
añejo de la existencia
es una suma de bronce embellecido,
imposible de permanecer inmutable.

## Quédate

El corazón,
que no entiende de deseos,
me ha hablado adormilado
con la intención de resistirse
a marchar.
Observa, callado, los cambios
que discurren alrededor.
"Quédate", expresa en silencio.
Pero el poema que rige
la deriva del alma
es un frenético baile de sentimientos
que me incitan a partir.

## Una partida

Cuando el atardecer se convierte
en un bostezo ilusorio,
la lluvia propicia una partida limpia
que se lleva las impurezas
y las arrastra sin margen
hasta el encuentro casual
de la indiferencia.

El manantial de recuerdos
avasalla como luz cegadora,
agolpando las sensaciones
en un meandro de oscuridad
donde resisten los triunfos.

## Nueva vida

La puerta se entorna,
queda entreabierta,
conmovida por el brusco paso del tiempo
y una existencia recién abandonada.
Porque el hogar de los padres
es la patria inamovible de los hijos,
el corazón cálido que atrae
la correspondencia de los sentimientos.

Una mudanza instantánea fructificó
en algún punto de la adultez
y quedó convertida en una vida migratoria
para siempre.

**Adiós**

Pronto el barrio le quedó pequeño.
Las calles del pueblo encogieron
como lana lavada con agua caliente.
Y el corazón aparentemente arraigado,
echó a volar mecido por el movimiento suave
de las alas de una garza.

Se escuchó el graznido del último pájaro
rezumbando en el aire inmortal
que rasgaba con ímpetu
un pasado ya borroso.

# NOTA DEL AUTOR

Este poemario nace de un volver. De ese regreso que suele hacerse con la memoria. Volver a la infancia, a los primeros asombros, a los lugares donde el tiempo parecía detenerse y la vida se contaba despacio. *Murmullos de La Mancha* me ha permitido volver a las tardes en casa de mi abuela, a los patios de vecinas donde todo se compartía, a las fiestas populares que daban sentido al calendario y a la historia de castillos que vigilan la llanura como un centinela de piedra.

La Mancha es paisaje y latido. Tierra dura y hospitalaria a la vez, hecha de polvo, viento y palabras dichas a media voz. Es una tierra que guarda historias antiguas y gestos cotidianos, que no necesita explicarse porque se reconoce. Para mí, la tierra es refugio, la patria de la infancia y el lugar al que siempre acabo volviendo. Porque siento que mantengo un pie anclado a este lugar. La Mancha es ese sitio al que regreso cuando me marcho, el contexto que llevo conmigo, el que nunca me abandona del todo y que sigue palpitando en el corazón.

Este poemario es también un paso nuevo en mi manera de escribir. Viniendo de la narrativa y de una literatura en prosa (un territorio en el que me muevo con naturalidad), la poesía se convierte en una frontera que cruzar. El género lírico es para mí un lugar de admiración profunda, de respeto, casi de pudor. Durante mucho tiempo no me sentí capaz de habitar en él. Pero he comprendido que escribir significa aceptar desafíos y escuchar lo que la propia inspiración va pidiendo. No obstante, existe un germen concreto en el génesis de estas páginas.

En mis dos últimas novelas, casi sin avisar, compuse varios poemas que surgieron como una necesidad distinta e insertada en los párrafos como si hubiera sido fruto de la invención de los personajes. Su acogida fue una sorpresa y, al mismo tiempo, una invitación. Por eso decidí aceptarla. Y cuando me aventuré a escribir poesía, tuve claro que debía hacerlo desde un lugar verdadero, desde un territorio emocional que conociera bien. Nada más honesto que hacerlo desde la tierra.

*Murmullos de La Mancha* no quiere explicar ni idealizar, sino escuchar. Escuchar lo que aún resuena en la memoria, lo que permanece en los silencios, lo que sigue vivo en las palabras heredadas. Este libro es una conversación íntima con el origen y un gesto de gratitud hacia la tierra de la que vengo y a la que, de una forma u otra, siempre estoy volviendo.

Ángel Luis Moraga

# ÍNDICE